Dieser Planer gehört:

....

Zeitraum:

von .... bis ....

Woche vom .... bis ....

 Ziele für diese Woche

 Notizen und Wichtiges

Montag

Dienstag

Mittwoch

Donnerstag

Freitag

Samstag

Sonntag

Woche vom .... bis ....

 Ziele für diese Woche

 Notizen und Wichtiges

Montag

Dienstag

Mittwoch

Donnerstag

Freitag

Samstag

Sonntag

Woche vom .... bis ....

Ziele für diese Woche

 Notizen und Wichtiges

Montag

Dienstag

Mittwoch	Donnerstag

Freitag	Samstag
	Sonntag

Woche vom .... **bis** ....

 Ziele für diese Woche

Notizen und Wichtiges

Montag

Dienstag

Mittwoch

Donnerstag

Freitag

Samstag

Sonntag

Woche vom .... **bis** ....

 Ziele für diese Woche

 Notizen und Wichtiges

Montag

Dienstag

Mittwoch

Donnerstag

Freitag

Samstag

Sonntag

Woche vom .... bis ....

Ziele für diese Woche

 Notizen und Wichtiges

Montag

Dienstag

Mittwoch

Donnerstag

Freitag

Samstag

Sonntag

Woche vom .... **bis** ....

Ziele für diese Woche

 Notizen und Wichtiges

Montag

Dienstag

Mittwoch

Donnerstag

Freitag

Samstag

Sonntag

Woche vom .... **bis** ....

 Ziele für diese Woche

 Notizen und Wichtiges

Montag

Dienstag

Mittwoch

Donnerstag

Freitag

Samstag

Sonntag

Woche vom .... bis ....

Ziele für diese Woche

 Notizen und Wichtiges

Montag

Dienstag

Mittwoch

Donnerstag

Freitag

Samstag

Sonntag

Woche vom .... bis ....

 Ziele für diese Woche

 Notizen und Wichtiges

Montag

Dienstag

Mittwoch

Donnerstag

Freitag

Samstag

Sonntag

Woche vom .... **bis** ....

 Ziele für diese Woche

Notizen und Wichtiges

Montag

Dienstag

Mittwoch

Donnerstag

Freitag

Samstag

Sonntag

Woche vom .... bis ....

 Ziele für diese Woche

Notizen und Wichtiges

Montag

Dienstag

24

Mittwoch

Donnerstag

Freitag

Samstag

Sonntag

Woche vom .... bis ....

 Ziele für diese Woche

 Notizen und Wichtiges

Montag

Dienstag

Mittwoch

Donnerstag

Freitag

Samstag

Sonntag

Woche vom .... **bis** ....

 Ziele für diese Woche

 Notizen und Wichtiges

Montag

Dienstag

Mittwoch

Donnerstag

Freitag

Samstag

Sonntag

Woche vom .... bis ....

Ziele für diese Woche

 Notizen und Wichtiges

Montag

Dienstag

Mittwoch

Donnerstag

Freitag

Samstag

Sonntag

Woche vom .... **bis** ....

 Ziele für diese Woche

Notizen und Wichtiges

Montag

Dienstag

Mittwoch

Donnerstag

Freitag

Samstag

Sonntag

Woche vom .... **bis** ....

 Ziele für diese Woche

Notizen und Wichtiges

Montag

Dienstag

Mittwoch

Donnerstag

Freitag

Samstag

Sonntag

35

Woche vom .... **bis** ....

Ziele für diese Woche

 Notizen und Wichtiges

Montag

Dienstag

Mittwoch

Donnerstag

Freitag

Samstag

Sonntag

Woche vom .... **bis** ....

 Ziele für diese Woche

 Notizen und Wichtiges

Montag

Dienstag

Mittwoch

Donnerstag

Freitag

Samstag

Sonntag

Woche vom .... bis ....

 Ziele für diese Woche

Notizen und Wichtiges

Montag

Dienstag

Mittwoch

Donnerstag

Freitag

Samstag

Sonntag

41

Woche vom .... **bis** ....

 Ziele für diese Woche

 Notizen und Wichtiges

Montag

Dienstag

Mittwoch

Donnerstag

Freitag

Samstag

Sonntag

Woche vom .... bis ....

Ziele für diese Woche

 Notizen und Wichtiges

Montag

Dienstag

Mittwoch

Donnerstag

Freitag

Samstag

Sonntag

Woche vom .... **bis** ....

 Ziele für diese Woche

 Notizen und Wichtiges

Montag

Dienstag

Mittwoch

Donnerstag

Freitag

Samstag

Sonntag

Woche vom .... **bis** ....

 Ziele für diese Woche

Notizen und Wichtiges

Montag

Dienstag

Mittwoch

Donnerstag

Freitag

Samstag

Sonntag

Woche vom .... bis ....

 Ziele für diese Woche

Notizen und Wichtiges

Montag

Dienstag

Mittwoch

Donnerstag

Freitag

Samstag

Sonntag

Woche vom .... **bis** ....

 Ziele für diese Woche

 Notizen und Wichtiges

Montag

Dienstag

Mittwoch

Donnerstag

Freitag

Samstag

Sonntag

Woche vom .... **bis** ....

Ziele für diese Woche

 Notizen und Wichtiges

Montag

Dienstag

Mittwoch	**Donnerstag**
Freitag	**Samstag**
	Sonntag

Woche vom .... **bis** ....

 Ziele für diese Woche

Notizen und Wichtiges

Montag

Dienstag

Mittwoch

Donnerstag

Freitag

Samstag

Sonntag

Woche vom .... **bis** ....

 Ziele für diese Woche

 Notizen und Wichtiges

Montag

Dienstag

Mittwoch

Donnerstag

Freitag

Samstag

Sonntag

Woche vom .... **bis** ....

 Ziele für diese Woche

Notizen und Wichtiges

Montag

Dienstag

Mittwoch

Donnerstag

Freitag

Samstag

Sonntag

61

Woche vom .... bis ....

 Ziele für diese Woche

 Notizen und Wichtiges

Montag

Dienstag

Mittwoch

Donnerstag

Freitag

Samstag

Sonntag

Woche vom .... **bis** ....

 Ziele für diese Woche

 Notizen und Wichtiges

Montag

Dienstag

Mittwoch

Donnerstag

Freitag

Samstag

Sonntag

Woche vom .... **bis** ....

Ziele für diese Woche

Notizen und Wichtiges

Montag

Dienstag

Mittwoch

Donnerstag

Freitag

Samstag

Sonntag

Woche vom .... **bis** ....

Ziele für diese Woche

 Notizen und Wichtiges

Montag

Dienstag

Mittwoch

Donnerstag

Freitag

Samstag

Sonntag

Woche vom .... bis ....

 Ziele für diese Woche

 Notizen und Wichtiges

Montag

Dienstag

Mittwoch

Donnerstag

Freitag

Samstag

Sonntag

Woche vom .... bis ....

Ziele für diese Woche

Notizen und Wichtiges

Montag

Dienstag

Mittwoch

Donnerstag

Freitag

Samstag

Sonntag

Woche vom .... **bis** ....

 Ziele für diese Woche

 Notizen und Wichtiges

Montag

Dienstag

Mittwoch

Donnerstag

Freitag

Samstag

Sonntag

Woche vom .... **bis** ....

 Ziele für diese Woche

Notizen und Wichtiges

Montag

Dienstag

Mittwoch

Donnerstag

Freitag

Samstag

Sonntag

Woche vom .... bis ....

 Ziele für diese Woche

 Notizen und Wichtiges

Montag

Dienstag

Mittwoch

Donnerstag

Freitag

Samstag

Sonntag

Woche vom .... bis ....

 Ziele für diese Woche

 Notizen und Wichtiges

Montag

Dienstag

Mittwoch

Donnerstag

Freitag

Samstag

Sonntag

Woche vom .... bis ....

 Ziele für diese Woche

 Notizen und Wichtiges

Montag

Dienstag

Mittwoch

Donnerstag

Freitag

Samstag

Sonntag

Woche vom .... **bis** ....

Ziele für diese Woche

 Notizen und Wichtiges

Montag

Dienstag

Mittwoch

Donnerstag

Freitag

Samstag

Sonntag

Woche vom .... **bis** ....

 Ziele für diese Woche

 Notizen und Wichtiges

Montag

Dienstag

Mittwoch

Donnerstag

Freitag

Samstag

Sonntag

Woche vom .... bis ....

 Ziele für diese Woche

 Notizen und Wichtiges

Montag

Dienstag

Mittwoch

Donnerstag

Freitag

Samstag

Sonntag

Woche vom .... **bis** ....

Ziele für diese Woche

 ### Notizen und Wichtiges

Montag

Dienstag

Mittwoch

Donnerstag

Freitag

Samstag

Sonntag

Woche vom .... **bis** ....

Ziele für diese Woche	Notizen und Wichtiges

Montag	Dienstag

Mittwoch

Donnerstag

Freitag

Samstag

Sonntag

Woche vom .... **bis** ....

 Ziele für diese Woche

 Notizen und Wichtiges

Montag

Dienstag

Mittwoch

Donnerstag

Freitag

Samstag

Sonntag

Woche vom .... **bis** ....

 Ziele für diese Woche

 Notizen und Wichtiges

Montag

Dienstag

Mittwoch

Donnerstag

Freitag

Samstag

Sonntag

Woche vom .... **bis** ....

Ziele für diese Woche

 Notizen und Wichtiges

Montag

Dienstag

Mittwoch

Donnerstag

Freitag

Samstag

Sonntag

Woche vom .... bis ....

Ziele für diese Woche

Notizen und Wichtiges

Montag

Dienstag

Mittwoch

Donnerstag

Freitag

Samstag

Sonntag

Woche vom .... bis ....

Ziele für diese Woche

Notizen und Wichtiges

Montag

Dienstag

Mittwoch	**Donnerstag**
Freitag	**Samstag**
	Sonntag

Woche vom .... bis ....

📌 Ziele für diese Woche

✏️ Notizen und Wichtiges

Montag

Dienstag

Mittwoch

Donnerstag

Freitag

Samstag

Sonntag

Woche vom .... **bis** ....

Ziele für diese Woche

Notizen und Wichtiges

Montag

Dienstag

Mittwoch

Donnerstag

Freitag

Samstag

Sonntag

Woche vom .... bis ....

Ziele für diese Woche

Notizen und Wichtiges

Montag

Dienstag

Mittwoch

Donnerstag

Freitag

Samstag

Sonntag

Inhalt und Gestaltung:
Content and design by:

Andreas Beck
Breiteweg 24
89143 Blaubeuren
Germany